So bunt ist meine Welt

Mi mundo de colores

Susanne Böse Bettina Reich

Edition bi:libri

Hallo, ich bin Paula. Heute erkunde ich mit meinem roten Roller die Welt. Zuerst esse ich ein paar süße Erdbeeren im Garten. Lecker! Ob der Gartenzwerg auch welche möchte? Welche Farbe hat seine Mütze?

Hola, me llamo Paula. Hoy voy a explorar el mundo con mi patinete rojo. Primero, me como unas fresas bien dulces en el jardín. ¡Qué ricas! ¿A lo mejor el enanito del jardín también quiere...? ¿De qué color es su gorro?

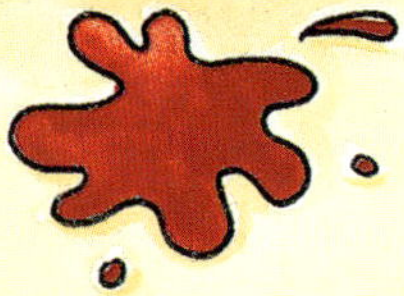

rot

rojo

der Marienkäfer

la mariquita

die Erdbeeren (pl)

las fresas (pl)

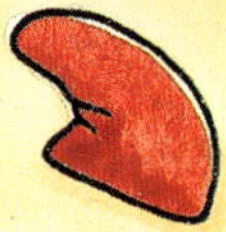

die Mütze

el gorro

Es ist so heiß! Das Getreide auf den Feldern ist schon reif. Überall wächst Löwenzahn. Sonnenblumen mag ich am liebsten. Sie sind riesengroß und gelb. Weißt du, dass sie sich immer zur Sonne drehen?

¡Qué calor hace! El cereal madura en los campos. Por todas partes crecen dientes de león. Pero lo que más me gusta son los girasoles. Son enormes y amarillos. ¿Sabes que se giran siempre en dirección del sol?

die Sonnenblume
el girasol

die Sonne
el sol

der Löwenzahn
el diente de león

gelb
amarillo

Im Wald ist es schön kühl. Guck mal! Ein braunes Eichhörnchen klettert den Baumstamm hinauf. Es hat einen Tannenzapfen im Maul. Ob man diese Pilze essen kann? Ich kann noch mehr braune Dinge entdecken. Du auch?

En el bosque hace fresco. ¡Mira! Una ardilla marrón sube por el tronco de un árbol. Lleva una piña de abeto en la boca. ¡Quién sabe si se pueden comer estas setas...! Puedo descubrir más cosas marrones, ¿tú también?

braun
marrón

das Eichhörnchen
la ardilla

die Pilze (pl)
las setas

der Tannenzapfen
la piña de abeto

Was macht der Frosch denn hier? Er hat sich wohl verirrt. Mit meiner Becherlupe bringe ich ihn wieder zurück zum Wasser. Ein Grashüpfer singt ein Lied. Und auf dem Farn sitzt eine dicke Raupe. Kannst du sie auch sehen?

¿Pero qué hace aquí la rana? Seguro que se ha perdido. Con mi frasco-lupa la devolveré al agua. Un saltamontes canta una canción. Y en el helecho hay una oruga bien gordita. ¿La ves tú también?

der Frosch

la rana

der Grashüpfer

el saltamontes

die Raupe

la oruga

grün

verde

Am Waldrand nasche ich Brombeeren. Ich bin vorsichtig, denn der Busch hat Dornen. Die Amsel lässt sich nicht von mir stören. Auch der Maulwurf buddelt munter weiter. Die Spinne dort drüben sehe ich mir mal genauer an.

En el borde del bosque saboreo las moras. Tengo cuidado, porque las matas tienen espinos. El mirlo no se asusta con mi presencia. El topo sigue escarbando activo. Voy a mirar bien aquella araña.

schwarz

negro

die Spinne

la araña

die Amsel

el mirlo

die Brombeeren (pl)

las moras (pl)

Sie webt ihr Netz am Stamm der Birke. Doch der Schmetterling fliegt nicht hinein. Wenn ich es schaffe, die Pusteblume leer zu pusten, darf ich mir was wünschen. Eins, zwei, drei ... „Mäh!“ Nanu, pustet das Schaf mit?

Está tejiendo su tela en el tronco del abedul. Pero la mariposa no vuela hacia ella. Si consigo soplar y quitarle la pelusa a este diente de león, entonces puedo pedir un deseo: uno, dos, tres... "¡Beee!" ¿También la oveja está soplando conmigo?

das Schaf

la oveja

die Pusteblume

el diente de león

der Schmetterling

la mariposa

weiß

blanco

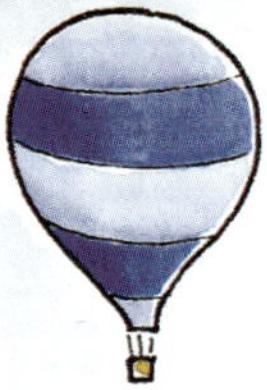

Jetzt fahre ich zum See. Sein Wasser ist blau wie der Himmel. Die Gummistiefel von Fischer Pit auch. Seine Eimer sind voller Fische. Ich helfe Pit beim Tragen. Dafür schenkt er mir seine Mütze. Sie passt prima!

Ahora voy al lago. El agua es azul como el cielo. Las botas de agua del pescador Pit también. Sus cubos están llenos de peces. Yo ayudo a Pit a llevar los cubos. Y a cambio, él me regala su gorro. ¡Me queda muy bien!

	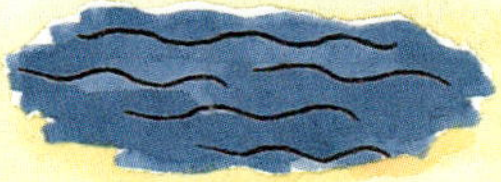		
blau	das Wasser	die Gummistiefel (pl)	die Wollmütze
azul	el agua	las botas de agua (pl)	el gorro de lana

Auf einmal watscheln ein paar Enten vorbei. Sie haben orange Füße. Zurück in unserem Garten ernte ich eine Karotte für mein Kaninchen. Es hat immer Hunger. Aber Kürbisse frisst es nicht. Mama kocht mir daraus Suppe.

De repente pasan delante de nosotros unos patos. Tienen las patas naranjas. Vuelvo a nuestro jardín y recojo zanahorias para mi conejo. Siempre tiene hambre. Pero no le gustan las calabazas. Mamá me hace una sopa con ellas.

die Karotte
la zanahoria

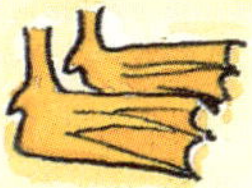

die Entenfüße (pl)
las patas de los patos

der Kürbis
la calabaza

orange
naranja

So ein Ausflug macht müde und hungrig. Vor dem Fliederbusch breite ich meine lila Picknickdecke aus. Mama bringt mir Pflaumen. Sie sind schön süß. Etwas Saft tropft auf mein Halstuch ...

Después de una excursion así estoy cansada y tengo hambre. Pongo mi manta lila delante de los lilos y me preparo para un buen picnic. Mamá me trae ciruelas. ¡Están muy dulces! Algo de zumo cae en mi pañuelo...

lila

lila

das Halstuch

el pañuelo

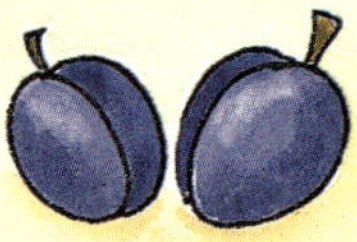

die Pflaumen (pl)

las ciruelas (pl)

der Fliederbusch

el lilo

... und auf mein neues T-Shirt. O weh. In unserem Seerosenteich wasche ich den Fleck wieder aus. Dann pflücke ich ein paar Blumen für Mama. Sie freut sich sehr und wir kuscheln in der Hängematte.

... y en mi camiseta nueva. ¡Ay! Lavo la mancha en nuestro estanque de nenúfares. Luego cojo unas flores para mamá. Ella se pone muy contenta y las dos nos acurrucamos en la hamaca.

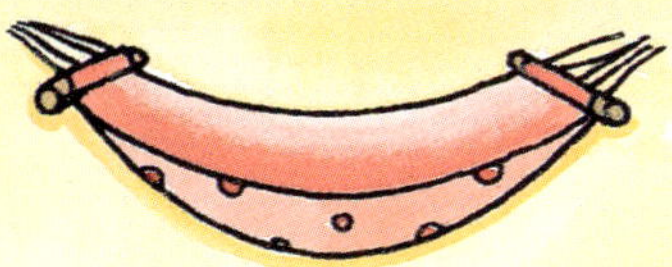

die Hängematte
la hamaca

die Blume
la flor

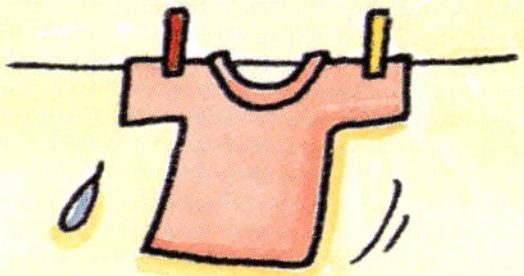

das T-Shirt
la camiseta

rosa
rosa

Plötzlich zieht ein Gewitter auf! Mama nimmt schnell die Wäsche von der Leine. Ein Windstoß wirbelt meinen Ball umher. Das bunte Windrad dreht sich schnell und die Fahnen am Sandkasten flattern. Am Himmel erscheint ein riesiger Regenbogen. Er ist wunderschön.

der Regenbogen

el arco iris

die Tischdecke

el mantel

die Wäscheleine

la cuerda de la ropa

¡De repente viene una tormenta! Mamá recoge la ropa de la cuerda deprisa. Una ráfaga de viento levanta en el aire mi pelota. El molinillo de colores gira a toda velocidad y las banderolas del cajón de arena ondean. En el cielo aparece un arco iris enorme. Es precioso.

die Blumen	das Windrad	das Buch	die Fahne
las flores	el molinillo	el libro	la banderola

Das war ein spannender Tag. Am Abend bringt Mama mich zu Bett. Ohne Licht ist alles gar nicht mehr bunt, sondern dunkel und gemütlich wie in einer Kuschelhöhle. Nur der Mond und die Sterne scheinen jetzt durch das Fenster hinein. Kannst du meine Sachen erkennen? Weißt du noch, welche Farbe sie haben?

rot	gelb	braun	grün	schwarz
rojo	amarillo	marrón	verde	negro

¡Qué día tan emocionante! Por la noche, mamá me lleva a la cama. Sin luz, las cosas no tienen colores, sino que son oscuras y cálidas, como en una cueva calentita. Ahora sólo entra por la ventana la luz de la Luna y de las estrellas. ¿Puedes distinguir mis cosas? ¿Sabes todavía de qué color son?

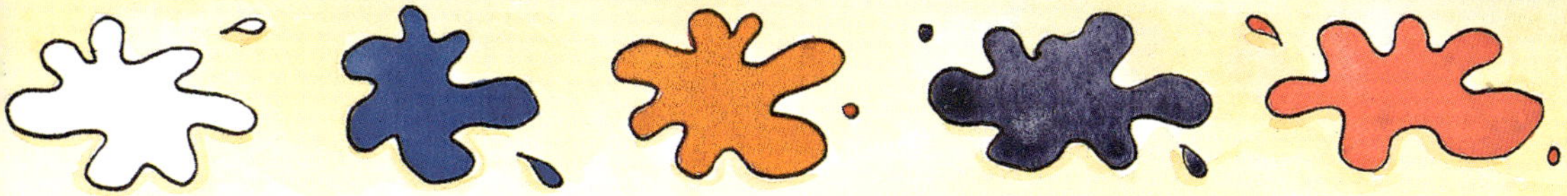

weiß	blau	orange	lila	rosa
blanco	azul	naranja	lila	rosa

So bunt ist meine Welt

ist in folgenden Buch-Ausgaben erhältlich:

Deutsch-Englisch:
ISBN 978-3-938735-51-0

Deutsch-Französisch:
ISBN 978-3-938735-52-7

Deutsch-Griechisch:
ISBN 978-3-938735-53-4

Deutsch-Italienisch:
ISBN 978-3-938735-54-1

Deutsch-Russisch:
ISBN 978-3-938735-55-8

Deutsch-Spanisch:
ISBN 978-3-938735-56-5

Deutsch-Türkisch:
ISBN 978-3-938735-57-2

In Kooperation mit dem NordSüdVerlag:

Marcus Pfister:

Der Regenbogenfisch entdeckt die Tiefsee

Hardcover, farbig illustriert, 21,5 x 28,7 cm, 32 Seiten, mit MP3-Hörbuch in acht Sprachen zum Downloaden, ab vier Jahren

15,95 Euro [D]

Diese Bücher werden vom NordSüdVerlag vertrieben

Deutsch-Englisch	(ISBN 978-3-314-01711-7)
Deutsch-Französisch	(ISBN 978-3-314-01715-5)
Deutsch-Griechisch	(ISBN 978-3-314-01716-2)
Deutsch-Italienisch	(ISBN 978-3-314-01714-8)
Deutsch-Russisch	(ISBN 978-3-314-01713-1)
Deutsch-Spanisch	(ISBN 978-3-314-01712-4)
Deutsch-Türkisch	(ISBN 978-3-314-01710-0)

Heike Hengstler:

Wer ruft denn da?

Hardcover, farbig illustriert, 21 x 21 cm, 24 Seiten, mit Hör-CD in vier Sprachen, ab zwei Jahren

14,95 Euro [D]

Viersprachige Ausgabe (Dt.-Engl.-Frz.-Türk.)
(ISBN 978-3-938735-10-7)

Antonella Abbatiello:

Das Allerwichtigste

Hardcover, farbig illustriert, 21 x 21 cm, 44 Seiten, mit Hör-CD in acht Sprachen, ab drei Jahren

16,95 Euro [D]

Deutsch-Englisch	(ISBN 978-3-938735-37-4)
Deutsch-Französisch	(ISBN 978-3-938735-38-1)
Deutsch-Griechisch	(ISBN 978-3-938735-39-8)
Deutsch-Italienisch	(ISBN 978-3-938735-40-4)
Deutsch-Russisch	(ISBN 978-3-938735-41-1)
Deutsch-Spanisch	(ISBN 978-3-938735-42-8)
Deutsch-Türkisch	(ISBN 978-3-938735-43-5)

Marian van Vliet:

Bär Flo geht zum Friseur

Hardcover, farbig illustriert, 20 x 20 cm, 24 Seiten, mit Motiven zum Ausmalen, ab zwei Jahren

10,95 Euro [D]

Deutsch-Englisch	(ISBN 978-3-938735-30-5)
Deutsch-Französisch	(ISBN 978-3-938735-31-2)
Deutsch-Griechisch	(ISBN 978-3-938735-32-9)
Deutsch-Italienisch	(ISBN 978-3-938735-33-6)
Deutsch-Russisch	(ISBN 978-3-938735-34-3)
Deutsch-Spanisch	(ISBN 978-3-938735-35-0)
Deutsch-Türkisch	(ISBN 978-3-938735-36-7)